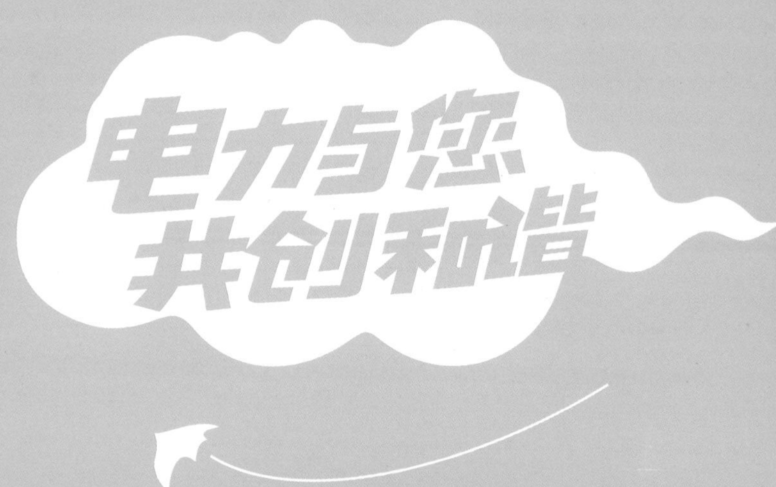

国家电网公司客户手册

国家电网公司与您共创和谐

战略目标

建设电网坚强、资产优良、服务优质、业绩优秀的现代公司

企业精神

努力超越
追求卓越

公司宗旨

服务党和国家工作大局
服务电力客户
服务发电企业
服务经济社会发展

企业理念

以人为本
忠诚企业
奉献社会

国家电网公司成立于2002年12月29日，以建设运营电网为核心业务，承担着为经济社会提供坚强电力保障的基本使命。公司经营区域覆盖26个省、自治区、直辖市，覆盖国土面积的88%以上，直接服务客户1.67亿户，供电人口超过10亿。2006年，国家电网公司资产总额12141亿元，售电量1.71万亿千瓦时，主营业务收入8529亿元，居《财富》杂志全球500强企业第29位。

国家电网公司经营区域图

国家电网公司经营区域覆盖了华北（蒙西电网除外）、东北、华东、华中、西北地区。在国家电网公司经营区域内，除了国家电网公司直供区域外，还存在部分趸售区域。

所谓趸售，是指由国家电网公司以趸售电价将电能销售给地方供电公司，再由地方供电公司以终端销售电价将电能销售给终端电力客户的电力供应体制。趸售区域电力客户的供电服务由趸售区域的地方供电公司具体负责。

国家电网公司客户手册

Contents
目录

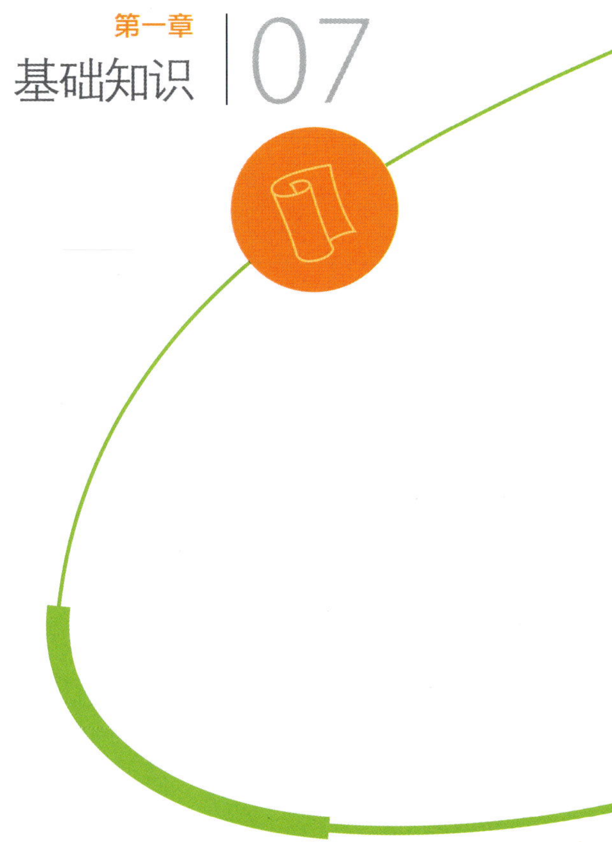

ON
OFF

国家电网公司
STATE GRID
CORPORATION OF CHINA

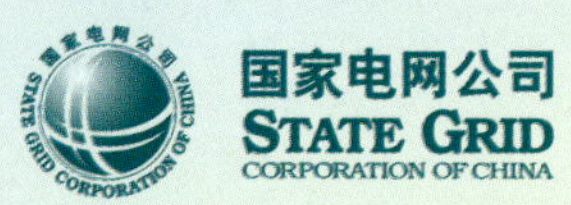

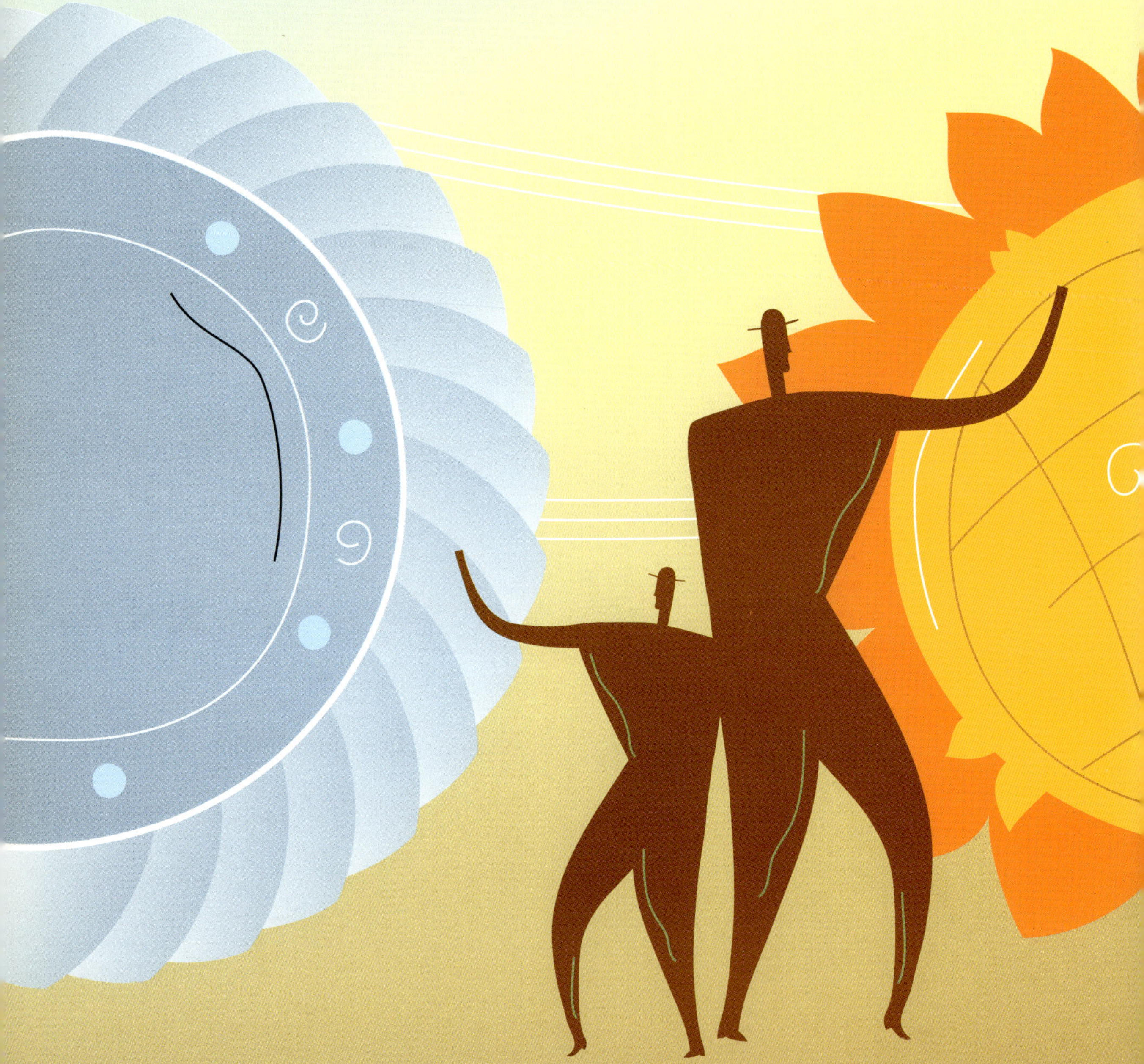

服务热线 95598 24小时

基础知识

第一章

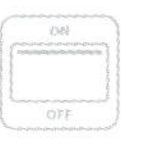

第一节

我国电力工业发展简史

1936年重庆大溪沟发电厂，装机容量1.2万千瓦

- 自中国有商品电以来，至2007年，已有125年历史。
- 1882年，英国商人在上海创办了中国第一家公用电业公司——上海电光公司，开办了我国第一座发电厂，安装了一台容量为12千瓦的发电机组，并于当年7月26日下午7时，正式开始为15盏电灯供电，由此揭开了中国电力工业发展的历史。
- 到1949年，我国总装机容量为185万千瓦，发电量43亿千瓦时，分别位居世界第21位和第25位。

发电机组

▲ 秦山核电站

辽宁阜新电厂 ►

◄ 浙江玉环电厂

1952年9月	第一台2.5万千瓦汽轮发电机组在辽宁阜新发电厂建成投产。
1959年11月	第一台10万千瓦高温高压汽轮发电机组在北京热电厂建成投产。
1969年4月	第一台容量超过20万千瓦的水电机组在甘肃省刘家峡水电站建成投产。
1972年12月	国产第一台20万千瓦汽轮发电机组在辽宁省朝阳电厂建成投产。
1974年11月	国产第一台30万千瓦亚临界汽轮发电机组在江苏省望亭电厂建成投产。
1985年12月	第一台60万千瓦汽轮发电机组在内蒙古元宝山发电厂建成投产。
1993年3月	第一座核电站——秦山核电站在浙江建成投产。
2006年11月	第一台100万千瓦超超临界汽轮发电机组在浙江玉环电厂建成投产。

全国装机容量

电网建设

1972年6月 第一条330千伏超高压输电线路(刘家峡—天水—关中)在西北电网建成投入运行。

1981年12月 第一条500千伏超高压输电线路(平顶山—武汉)在华中电网建成投入运行。

2005年9月 我国第一条750千伏超高压输电线路(关亭—兰州东)在西北电网建成投产。

2006年8月 我国第一条1000千伏特高压交流输电工程——晋东南—南阳—荆门特高压交流试验示范工程正式开工建设。

▲ 我国第一条750千伏超高压输电线路

◄ 我国第一条特高压交流试验示范工程奠基

电力常识

电是什么？

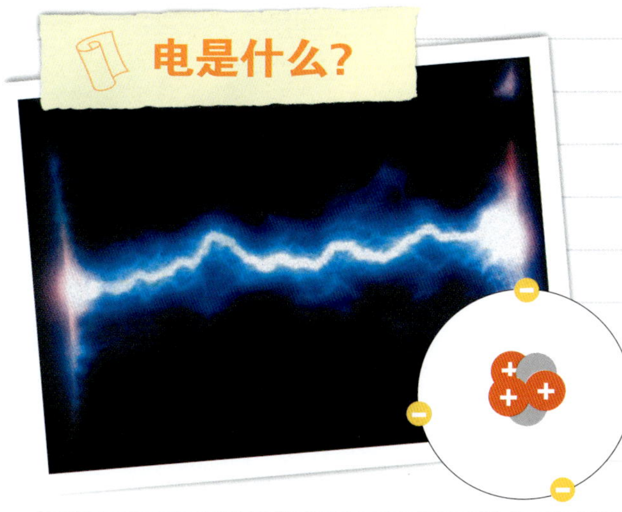

电是物质的一种属性。当物体由于某种原因（如物体间摩擦）使物体获得或失去自由电子，物体所带正、负电荷不相等时，物体就会带电。

电是一种能量。电能是由一次能源（如煤炭、石油、天然气、水力、风力等）转化而得的二次能源。

电的使用已经渗透到社会经济的各行各业，被喻为“工业血液”。

电是如何生产出来的？

在我国，77%以上的电能来自火力发电，它所用的燃料主要是煤炭、石油和天然气。火力发电厂由燃料、锅炉、汽轮机、电气、热工、化学水处理等主要系统构成。燃料在锅炉中燃烧产生热能，把水加热成高温高压水蒸气，水蒸气通过汽轮机做功，汽轮机带动发电机发出电能。

我国拥有丰富的水能资源。水电厂就是利用水流推动水轮机，水轮机带动发电机发出电能。长江三峡水电站是目前世界上最大的水电厂，总装机容量1820万千瓦，年平均发电量将近850亿千瓦时。

核电厂是通过核反应堆产生高温高压蒸汽，再通过汽轮机带动发电机发出电能。核电厂在设计和建设运行过程中都有很高的安全要求，严格防止核泄漏事故的发生，以免对环境和人体产生伤害。

风电场是按照风车原理，利用风能吹动风机叶片带动发电机发出电能。我国地域辽阔，拥有较为丰富的风能资源。风电的生产过程对环境产生的影响小，是可再生的清洁能源。

▼ 火力发电

核能发电 ►

▲ 水力发电

◄ 风力发电

发电厂的电是怎样送到千家万户的?

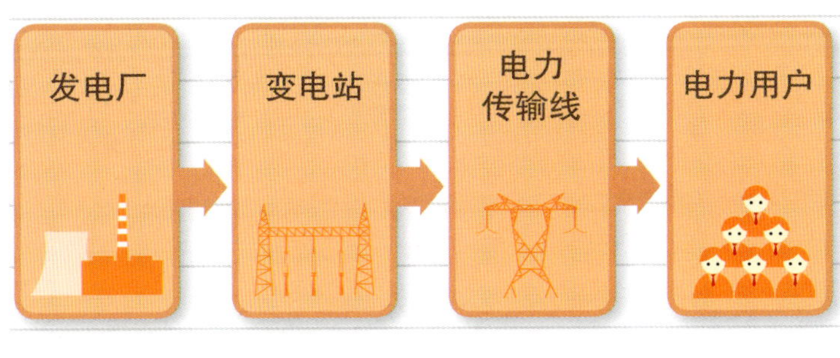

我们日常生活中所使用的电，都是由发电厂输送过来的。发电厂、变电站、电力传输线和电力用户组成了庞大的电力系统。

为使发电厂发出的电能够传送到很远的地方，必须通过升压变电站变成高电压等级（如110、220、500、750、1000千伏等）,通过电力线路跨越高山、河流、平原，送到负荷集中的城市和乡村，再经过不同层次的降压变电站将电压降低到电力用户需要的电压等级，再通过架空电线或地下电缆传送到千家万户。这样，我们就可以安全、方便、舒适地使用电能了。

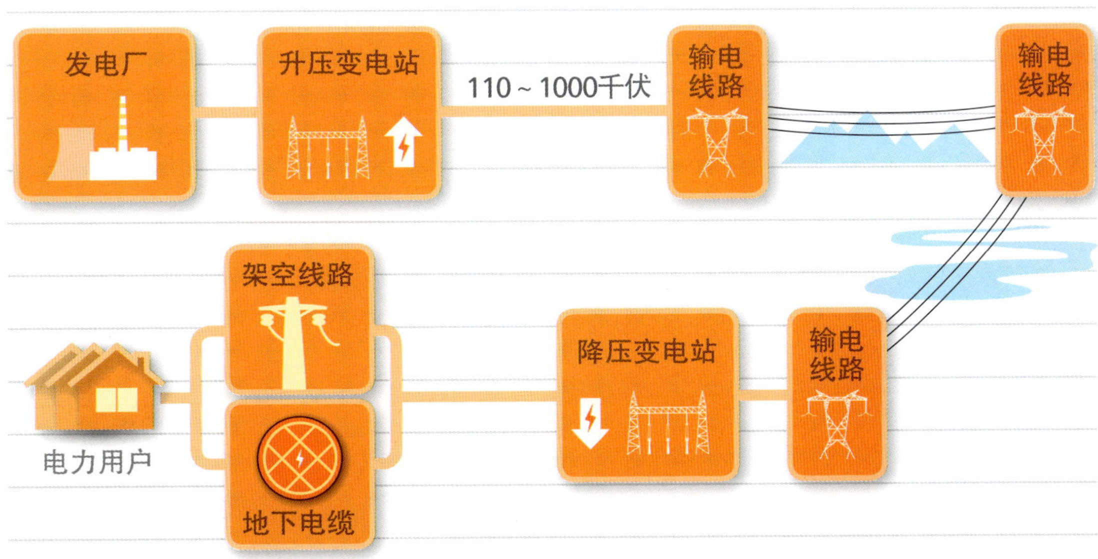

什么是电力系统和电力网?

电力系统

电能生产 | 电能输送 | 电能消费

发电 → 输电 → 变电 → 配电 → 用电

电力网（输电、变电、配电）

什么叫输电?

电能的传输过程叫输电，通过输电可以将电能传输到远离发电厂的负荷中心，为了提高输电的效率，常将输电的电压提高，一般是110~1000千伏。

为什么需要选择不同的电压等级?

电网需要按照不同的输送负荷量、输送的距离、近远期的发展，以及电力用户对电压的需求，综合考虑选用不同的电压等级来输电。

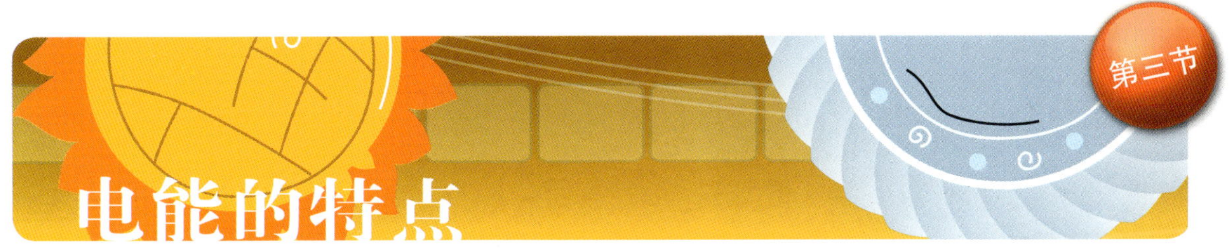

电能的特点

电能是优质能源。电能用途广泛，工农业生产、人民生活、科学教育、交通运输、医疗卫生、金融、通信、文化传媒等各行各业都离不开电。如今，电已经成为经济社会发展和人民生活的重要基本生产生活资料。

电能是方便能源。电能是便于运输的二次能源，用电线就可以把电能输送到千里以外的地方，比输送煤炭、石油等一次能源要方便得多。通过使用电动机、电热器、电光源等，电能可以方便地转换成动能、热能、光能等其他形式的能源。

电能是清洁能源。电能在使用过程中不会产生废气、废水、废物等影响环境卫生的污染物，与使用煤炭、天然气、燃油等一次能源相比，使用电能更加卫生、环保、安全。

电能是高效能源。以供热锅炉为例，燃煤锅炉的热效率大约为72%~75%，燃油锅炉的热效率大约为82%~89%，而电锅炉的热效率可以高达95%以上。

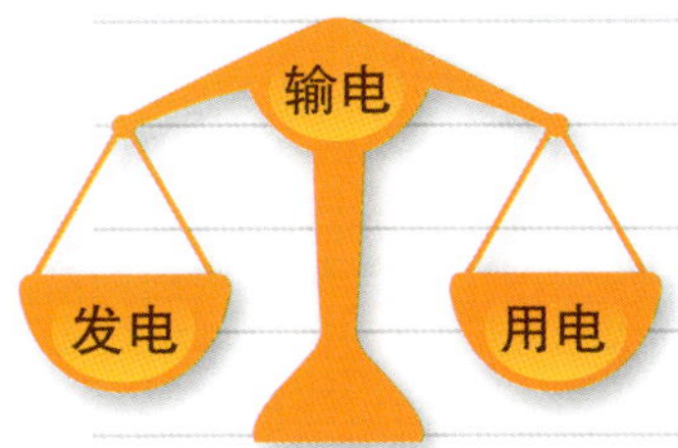

电能不能储存，发电、输电、用电必须同时完成。因此电力系统中的发、输、用之间密不可分，必须始终保持平衡。电力用户的用电习惯会对电力系统的负荷特性产生直接影响，科学合理地使用电能对保证电力系统的安全稳定运行具有重要作用。

国家电网公司
STATE GRID
CORPORATION OF CHINA

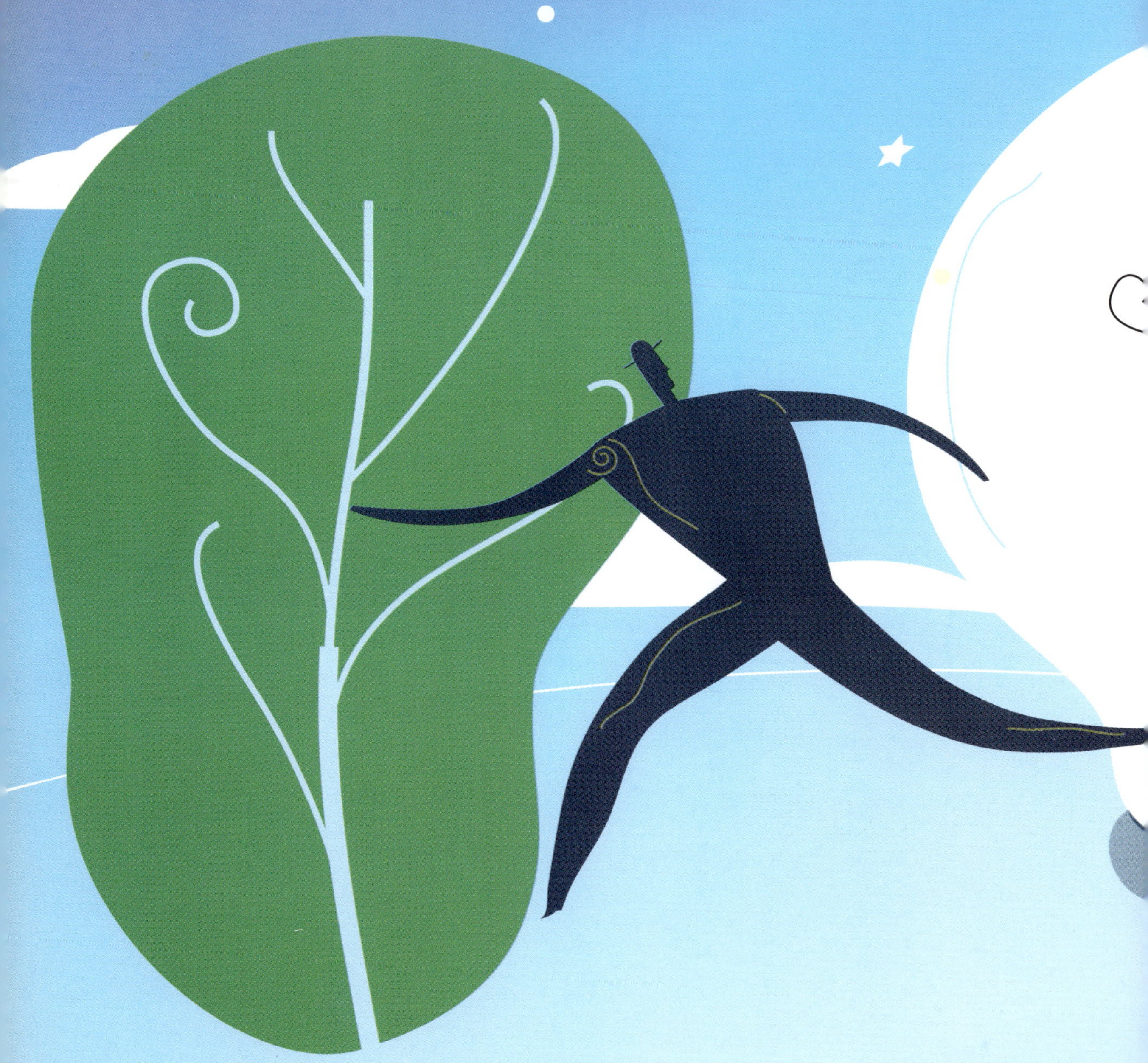

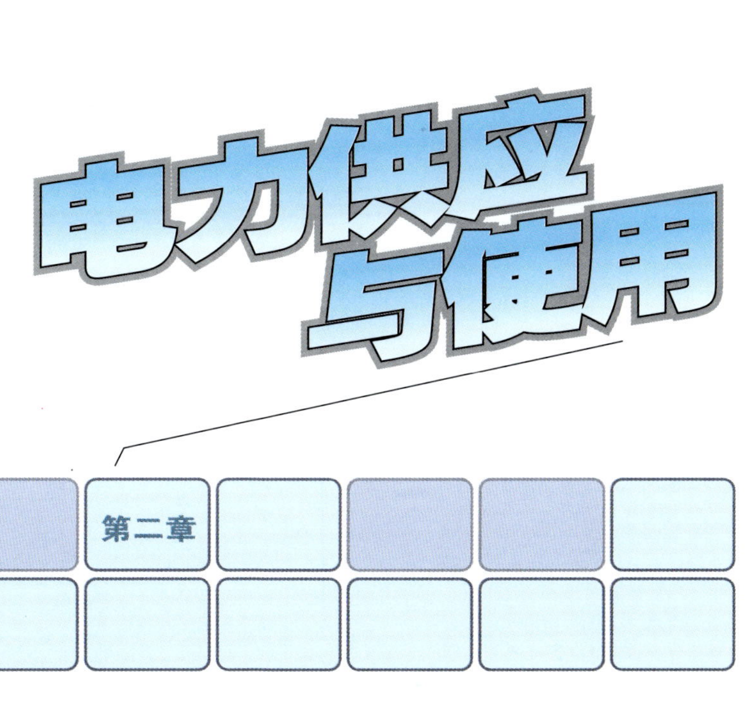

电力供应与使用

第二章

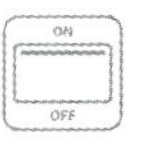

电能质量

用户受电端的供电质量是指供用电双方设施管理分界处的供电频率质量、电压质量和供电可靠性三项指标。

供电质量

供电频率质量	电压质量	供电可靠性
频率质量以频率允许偏差来衡量。	电压质量以电压的闪变、偏离额定值的幅度和电压正弦波畸变程度来衡量。	供电可靠性以供电企业对用户停电的时间和次数的统计值来衡量。

电力系统供电频率质量标准

状况	装机容量	供电频率允许偏差
正常	300万千瓦及以上	±0.2赫兹
	300万千瓦以下	±0.5赫兹
非正常		±1.0赫兹

摘录自《供电营业规则》

 电力系统供电电压质量标准

状况	电压等级	受电端供电电压允许偏差
正常	35千伏及以上	电压正、负偏差的绝对值之和不超过额定值的10%
	10千伏及以下三相	±7%
	220千伏单相	+7%，-10%
非正常		±10%

注：用户用电功率因数达不到相关规定的，其受电端的电压偏差不受此限制。

摘录自《供电营业规则》

 电力系统供电可靠性规定

- 供电企业应不断改善供电可靠性，减少设备检修和电力系统事故对用户的停电次数及每次停电持续时间。
- 供用电设备计划检修应做到统一安排。
- 供电设备计划检修时，对35千伏及以上电压供电的用户的停电次数，每年不应超过一次；对10千伏供电的用户，每年不应超过三次。

摘录自《电力供应与使用条例》

供电企业与电力用户的责任和义务

电能不能储存的特点决定了电力的生产、供应、使用必须同时完成，维护电网的安全稳定运行才能保证广大电力用户正常使用电能，这也是电力生产企业、供电企业、电力用户的共同责任。

供电企业的责任和义务

- 对本供电营业区内申请用电的单位和个人，有按国家规定提供电力的义务。
- 有按合同约定的数量、质量、时间、方式，合理调度和安全供电的义务。
- 应当保证供给用户的供电质量符合国家标准或电力行业标准。对公用供电设施引起的供电质量问题应当及时处理。客户对供电质量有特殊要求的，供电企业应当根据其必要性和电网的可能，提供相应的电力。
- 在发电、供电系统正常的情况下，应当连续向用户供电，不得中断。因供电设施检修、依法限电或者用户违法用电等原因，需要中断供电时，应当按照国家有关规定事先通知用户。
- 有按照国家核准的电价和用电计量装置的记录向客户计收电费的义务。
- 因抢险救灾需要紧急供电时，有尽速安排供电的义务。
- 有在其供电营业场所公告用电的程序、制度和收费标准的义务。

摘录自《电力法》、《电力供应与使用条例》

 电力用户的责任和义务

- 有依法安装用电计量装置和保护用电计量装置的义务。
- 用户用电不得危害供电、用电安全和扰乱供电、用电秩序。有防范和打击窃电行为的义务。
- 用户受电装置的设计、施工安装和运行管理，应当符合国家标准或者电力行业标准。
- 有按照国家核准的电价和用电计量装置的记录，按时缴纳电费的义务。
- 应当遵守国家有关规定，采取有效措施，做好安全用电、节约用电工作。

摘录自《电力法》、《电力供应与使用条例》

供用电合同

供电企业和用户应当在供电前根据用户需要和供电企业的供电能力签订供用电合同。签订供用电合同的原则是平等自愿、协商一致。

摘录自《电力供应与使用条例》

当发生以下用电事故时，请您及时拨打 95598 客户服务热线：

人身触电死亡	导致电力系统停电	专线掉闸或全厂停电
电气火灾	重要或大型电气设备损坏	停电期间向电力系统倒送电

电价与电费

我国实行国家统一定价的电价政策，现行电价是省（自治区、直辖市）级以上政府价格主管部门制定的，供电企业和用户均应遵守国家制定的电价。

电能是商品，使用电能要依法缴纳电费。

销售电价的构成

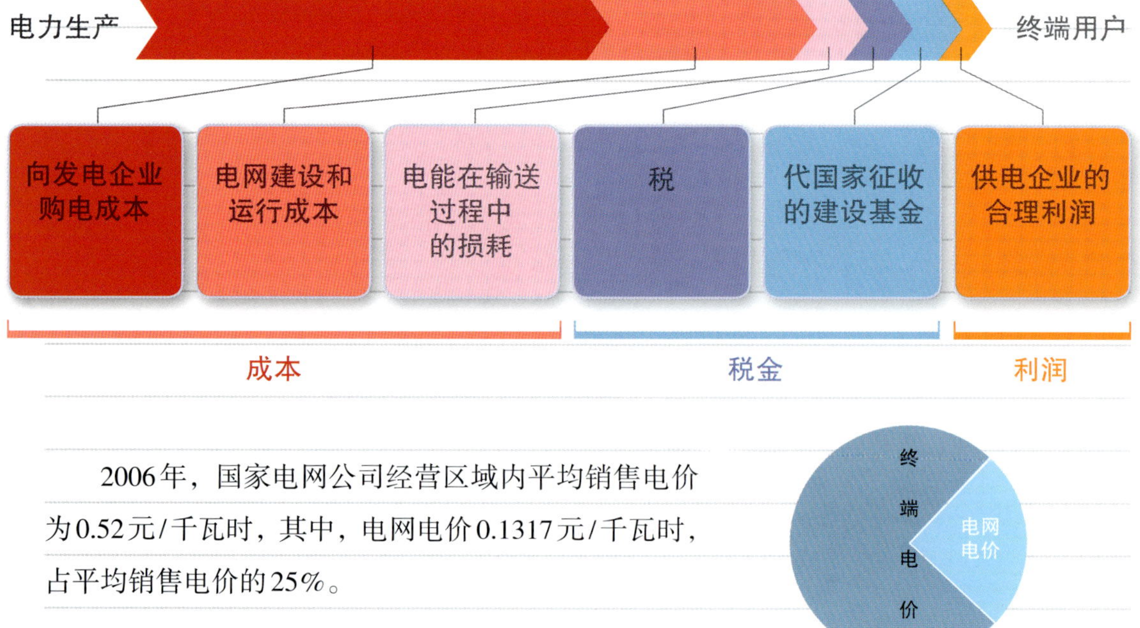

2006年，国家电网公司经营区域内平均销售电价为0.52元/千瓦时，其中，电网电价0.1317元/千瓦时，占平均销售电价的25%。

终端电价

电网电价

目前我国实行单一制电价和两部制电价，全面推行峰谷电价。为保证向用户提供电压质量合格的电能，降低损耗，维护电力系统的安全稳定与经济运行，国家对用电容量在100千伏安以上的用户实行功率因数调整电费。

单一制电价

单一制电价是指根据用户用电量多少计算电费的一种电价制度。

两部制电价

两部制电价是指将电价分为两个部分，一部分是以用户接入系统的用电容量或需量计算的基本电价；另一部分是以用户实际所用电量来计算电费的电量电价。

峰谷电价

峰谷电价是利用经济杠杆原理，对用电高峰、用电低谷等不同时段的生产或消费的电能实行不同价格标准的电价制度。峰谷电价制定的基本原则是在用电高峰期鼓励电能生产、抑制电能消费，在用电低谷期鼓励电能消费、抑制电能生产。

第四节

电能计量

电能计量装置是记录用户使用电力电量多少的专用计量器具，相当于尺和秤的作用。电能计量装置包括计费电能表、计量用电压／电流互感器及二次回路、电能计量柜（箱）等。电能计量的准确、可靠是维护电能生产、供应、使用各方合法利益的基础。

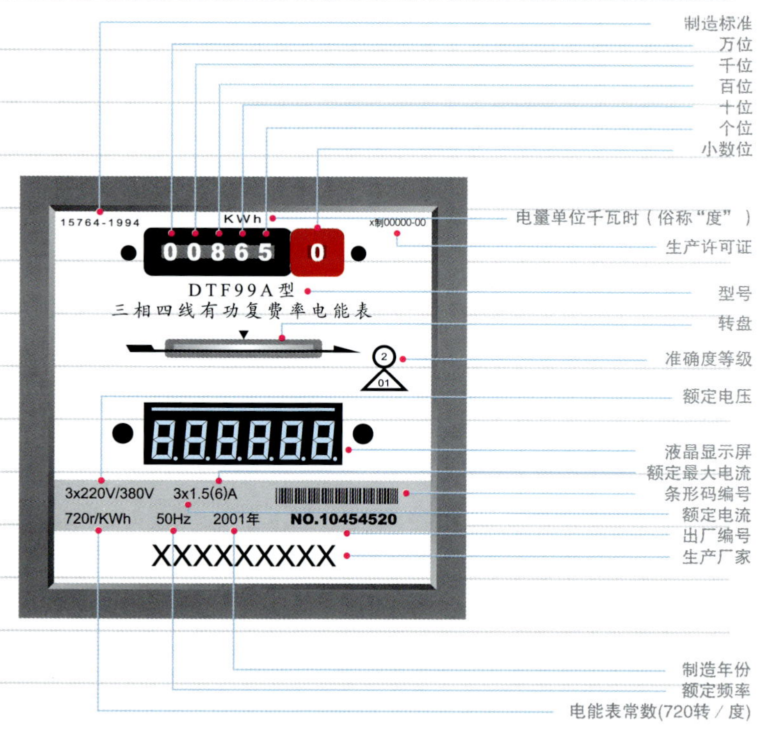

什么是窃电

窃电是指以非法占用电能，以不交或少交电费为目的，采用秘密手段不计量或少计量用电的行为。窃电属于盗窃公私财物的非法行为。

电能计量装置准确性的异议处理

用户对电能计量装置的准确性有异议时，有权向供电企业提出计量检定申请。在用户交付电能计量器具检定费后，供电企业的电能计量技术机构应在保证电能计量器具封印完好的前提下于7日内进行试验室检定，并将检定结果以书面形式通知客户。如计费电能表的误差在规定允许范围内，不退还电能计量器具检定费；如计费电能表的误差超出规定允许范围，应退还电能计量器具检定费，并按《供电营业规则》第八十条规定退补电费。

电能计量装置设置原则

- 原则上应装在供电设施与受电设施的产权分界处。如产权分界处不适宜装表的，对专线供电的高压用户，可在供电变压器出口装表计量；对公用线路供电的高压用户，可在用户受电装置的低压侧计量。
- 当电能计量装置不安装在产权分界处时，线路与变压器损耗的有功与无功电量均须由产权所有者负担。在计算用户基本电费（按最大需量计收时）、电度电费及功率因数调整电费时，应将上述损耗电量计算在内。

- 用户的每一个受电点都应该按不同的电价类别分别装设电能计量装置，一个受电点即是一个电能计量点。
- 用户受电点内难以按电价类别分别装设电能计量装置时，可装设总的电能计量装置，按不同的电价类别，用定比或定量的方法进行分算，分别计价。
- 地方电网和有自备电厂的企业与电力系统联网者，应在并网点上设置送、受电计量装置以计量送、受电量。

用户对电能计量装置应承担的责任

- 安装在用户处的电能计量装置，由用户负责保护。
- 勿在电能计量装置附近堆放影响抄表和计量准确及安全的物品（如：易燃、易爆危险品及具有腐蚀性的物品等）。
- 如发生电能计量装置丢失、损坏或过负荷烧坏等情况，应立即告知供电企业，以便采取措施。
- 任何时候，请不要擅自开启计量柜、箱及表计上所加铅封，不要私自迁移、更动电能计量表或者破坏和伪造电能计量装置。

电力设施保护

电力设施受法律保护，禁止任何单位和个人危害电力设施或者非法侵占、使用电能。电力设施保护，实行电力管理部门、公安部门、电力企业和人民群众相结合的原则。

《电力法》规定

任何单位和个人不得危害发电设施、变电设施和电力线路设施及其有关辅助设施。

任何单位和个人不得在依法划定的电力设施保护区内修建可能危及电力设施安全的建筑物、构筑物，不得种植可能危及电力设施安全的植物，不得堆放可能危及电力设施安全的物品。

《刑法》规定

破坏电力、燃气或者其他易燃易爆设备，危害公共安全，尚未造成严重后果的，处三年以上十年以下有期徒刑。

破坏交通工具、交通设施、电力设备、燃气设备、易燃易爆设备，造成严重后果的，处十年以上有期徒刑、无期徒刑或者死刑。

法律禁止的破坏电力设施行为

任何单位和个人禁止从事危害发电设施、变电设施的行为：

- 闯入变电站内扰乱生产和工作秩序，移动、损害标志物；
- 从事其他危害发电、变电设施的行为。

任何单位或个人禁止从事危害电力线路设施的行为：

- 向电力线路设施射击；
- 向导线抛掷物体；
- 在架空电力线路导线两侧各300米的区域内放风筝；
- 擅自在导线上接用电器设备；
- 擅自攀登杆塔或在杆塔上架设电力线、通讯线、广播线，安装广播喇叭；
- 利用杆塔、拉线作起重牵引地锚；
- 在杆塔、拉线上拴牲畜，悬挂物体，攀附农作物；
- 在杆塔、拉线基础的规定范围内取土、打桩、钻探、开挖或倾倒酸、碱、盐及其他有害化学物品；
- 在杆塔内(不含杆塔与杆塔之间)或杆塔与拉线之间修筑道路；
- 拆卸杆塔或拉线上的器材，移动、损坏永久性标志或标志牌；
- 其他危害电力线路设施的行为。

任何单位或个人在架空电力线路保护区内，必须遵守下列规定：

- 不得堆放谷物、草料、垃圾、矿渣、易燃物、易爆物及其他影响安全供电的物品；
- 不得烧窑、烧荒；
- 不得兴建建筑物、构筑物；
- 不得种植可能危及电力设施安全的植物。

任何单位或个人在电力电缆线路保护区内，必须遵守下列规定：

- 不得在地下电缆保护区内堆放垃圾、矿渣、易燃物、易爆物，倾倒酸、碱、盐及其他有害化学物品，兴建建筑物、构筑物或种植树木、竹子；
- 不得在海底电缆保护区内抛锚、拖锚；
- 不得在江河电缆保护区内抛锚、拖锚、炸鱼、挖沙。

服务热线 95598 24小时

科学用电

第三章

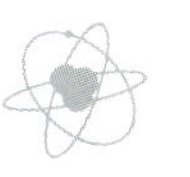
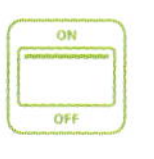

什么是触电？

人体也是导体，当人体碰到带电的东西，电流就通过人体传到地上，导致人触电，触电严重的可以致人死亡。

安全电流值

交流(50赫兹) ≤10毫安

直流≤50毫安

安全电压

42伏、36伏、24伏、12伏、6伏

什么是漏电保护器？

漏电保护器俗称漏电开关，是用在电路或电器绝缘受损而发生对地短路时，防止人身触电和电气火灾的保护电器，一般安装于每户配电箱的分支回路上。安装于全楼总配电箱电源进线上的漏电保护器，则专用于防止电气火灾。

什么是电气火灾？

电线使用时间长了，绝缘层会由于发热而老化，导致绝缘能力丧失，发生短路。电线短路时产生异常高温或电弧、电火花，引起近旁可燃物起火，这就是电气火灾。电气短路也会使电气设备带危险电压而引起触电事故。

发生电气火灾时应及时切断电源，使用专用灭火器材灭火，并及时报警。

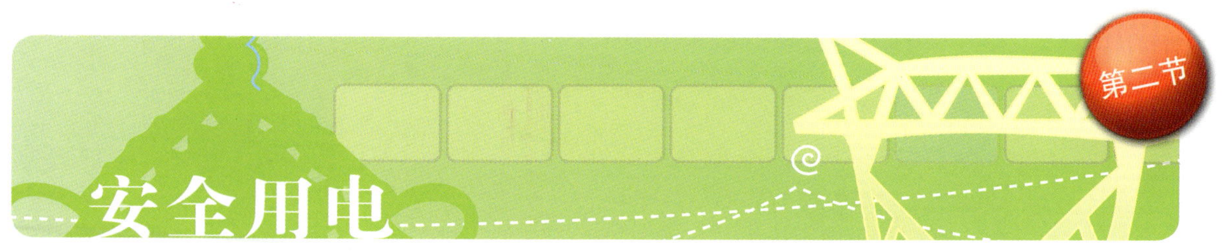

第二节 安全用电

企业客户

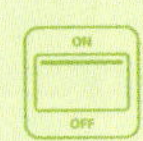

为了电网可靠供电及自身的生产需要，电力客户在日常的生产过程中应加强受电装置的建设和运行管理

- 《电力法》第三十一条规定：用户受电装置的设计、施工安装和运行管理，应当符合国家标准或者电力行业标准。
- 按照规程规定，定期做好受电设备的预防性试验和继电保护装置的校验工作，及时发现运行中的缺陷，做好缺陷处理工作，保证受电装置的安全稳定运行。
- 将技术上落后和淘汰的设备及时退出运行，保证电力客户自身和电网的安全运行不留隐患。
- 严格执行设备的巡视检查制度，做好设备运行的记录和设备消缺记录，建立完善的设备台账。

根据用电可靠性的要求，制定可靠的供电方案，科学合理地配置自备应急电源

在任何一个省市和地区，总有一些电力客户在政治生活和经济生活中具有与众不同的重要作用。这些电力客户的正常生产和运营直接影响着本省市和地区良好的政治生活和经济生活。在供用电过程中，一旦这些用户发生问题，就会带来较坏的

政治影响，或者带来较大的经济损失，或者给人民生命财产安全带来极大的威胁。因此，从供用双方来讲，共同保障这些电力客户的安全显得尤为重要。

2005年，国务院颁布了《国家处置电网大面积停电事件应急预案》。《预案》明确了电网发生大面积停电情况下电力企业和电力客户的职责，尤其强调了重要客户在事故状态下应迅速启用应急保安电源及应急照明，以减少损失和混乱。

为了贯彻国务院的文件精神，保障地区政治经济的良性发展，保障电力客户的安全生产，一方面，供电企业在制定供电方案时充分考虑重要客户对供电可靠性的特殊要求，提供科学合理的供电方案，满足社会、电网和客户自身的安全可靠用电需要；另一方面，重要电力客户同时应自备可靠的应急电源，采取有效的非电保安措施，以防电网突然停电带来恶劣影响和损失。

居民客户

居民家庭安全用电基本常识

- 家庭布置电线及电源线选用应考虑有一定容量余度，避免超负荷使用，破旧老化的电源线应及时更换，以免发生意外事故。不要将塑料护套线直接埋入墙内。
- 家庭用电应装设合格的漏电保护器，室内要设有公用地线。
- 家用电器在使用时，应有良好的外壳接地。遇有家用电器着火，应先切断电源再救火。当不使用家用电器时，应及时把插头拔掉，使之与电源完全脱离。

- 湿手不能触摸开关及带电的家用电器，不能用湿布擦拭使用中的家用电器。进行家电维修时，必须先切断电源。
- 电源开关外壳和电线的绝缘有破损、不完整或金属导体部分外露时，应立即找电工修好，否则不能使用。电源线接头要用绝缘胶布包好。
- 使用电熨斗、电烙铁等电热器具，必须远离易燃物品，用完后应切断电源，拔下插头，以防意外。
- 不要乱拉乱接电线。器具电源线不允许与热表面和油污表面接触。切忌把电线缠在铁钉上。

触电急救知识

电流对人体的损伤主要是电热所致的灼伤和强烈的肌肉痉挛，这会影响到呼吸中枢及心脏，引起呼吸抑郁或心跳骤停，严重电击伤可致残，甚至直接危及生命。

- 要使触电者迅速脱离电源，应立即拉下电源开关或拔掉电源插头，若无法及时找到或断开电源开关时，可用干燥的竹竿、木棒等绝缘物挑开电线。
- 将脱离电源的触电者迅速移至通风干燥处仰卧，将其上衣和裤带放松，保持呼吸道畅通，观察触电者有无意识和呼吸，摸一摸颈动脉有无搏动。不同状态下触电击伤者的急救措施如后表所示。

神志	心跳	呼吸	对症状的措施
清醒	存在	存在	仰卧姿势平放、脸侧、保暖、严密观察
昏迷	停止	存在	胸外心脏按压术
昏迷	存在	停止	口对口（鼻）人工呼吸
昏迷	停止	停止	交替进行胸外心脏按压术和口对口（鼻）人工呼吸（每15次按压后，作2次人工呼吸）

- 胸外心脏按压术：在触电者胸骨中下1/3处，救助者双手手指交叉、掌根重叠、垂直向下、平稳有节奏地用力按压，按压频率为100次/分钟。
- 口对口（鼻）人工呼吸：捏住触电者鼻子，往嘴里吹2次气（以后每5秒钟吹气1次），待触电者胸部胀起后松开，让其自然呼出。
- 及时打电话“120”呼叫救护车，将触电者尽快送往医院，途中应继续施救。

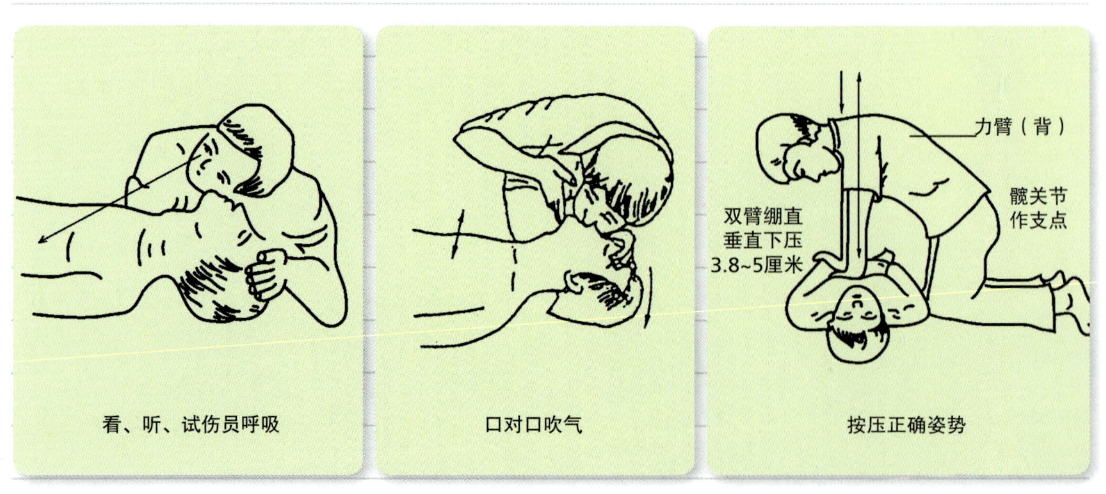

看、听、试伤员呼吸

口对口吹气

按压正确姿势

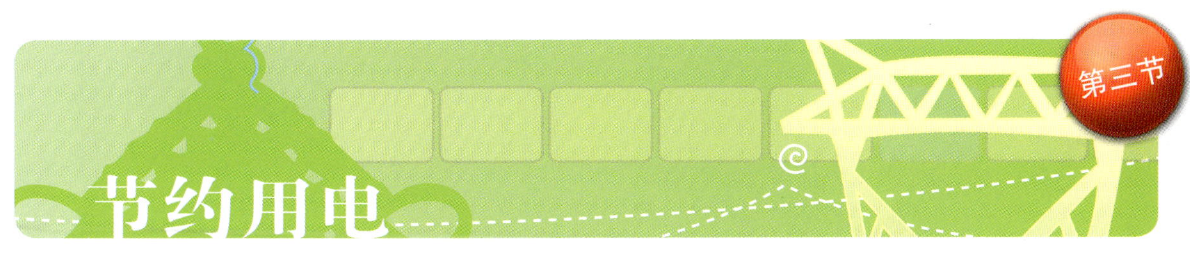

第三节 节约用电

我国能源资源相对不足，煤炭、石油、天然气等一次能源的人均剩余可采储量分别只有世界平均水平的58.6%、7.69%和7.05%。

电能是由一次能源转换而来的二次能源，节约电能是节约能源、保护环境的重要途径，是建设节约型社会、实现经济社会可持续发展的重要手段。

节约每一度电，可以使更多的人享受更美好的生活

- 让一台电视连续播放10小时
- 让一台电风扇连续运行15小时
- 让一只25瓦的电灯连续点亮40小时
- 让一台1匹的空调机运转1.5小时
- 让一台电冰箱工作24小时
- ……

工业节电

我国工业用电量约占全社会用电量的3/4，工业用电量如果能节约1%，每年可节约电量210亿度。工业设备节电手段多，节电空间巨大。

工业主要节电技术有：

- 选用高效电动机。如果全国现有的电动机全部改用高效电动机，每年可以节约600亿度电量。
- 采用变频调速技术。对普通异步电动机加装变频调速装置，可以大大降低电动机的启动电流，节电率一般可以达到20%~50%，节电效果明显。
- 选用高效用电设备。选用高效的风机、水泵、压缩机、粉碎机等用电设备，可以有效降低能耗。
- 采用无功补偿技术。对于大功率用电设备采用无功补偿，提高功率因数，达到节能效果。
- 采用节能配电变压器。替换老旧配电变压器，可以有效降低变压器空载损耗。
- 加大余能回收力度。在冶炼、化工、炼油、电力等行业生产过程中产生的余热、余气等剩余能源，可以通过技术手段加以回收利用，从而达到大量节约能源的目的。

家庭节电

- 尽量不要使家电处于待机状态，一台电器设备在待机状态下的耗能一般为开机状态的10%左右，家电不用时应彻底关闭电源，不仅能节约用电，而且雷雨季节能使家电免遭雷击。

- 选择能源效率高的家用电器，如空调、冰箱、洗衣机等电器上都标有产品的能源效率，选购该类电器时，应尽量选用耗能低的产品。
- 选用节能灯，尽管单价稍高，但是与普通灯泡相比，可以节能75%，且寿命是普通灯泡的几倍。同时要养成随手关灯的好习惯。
- 定期清洁电器设备，如保持空调隔尘网和散热器清洁，为电视等家电设备加盖防尘罩，定期给冰箱除霜等，可以提高电器的运行效率，延长使用寿命。

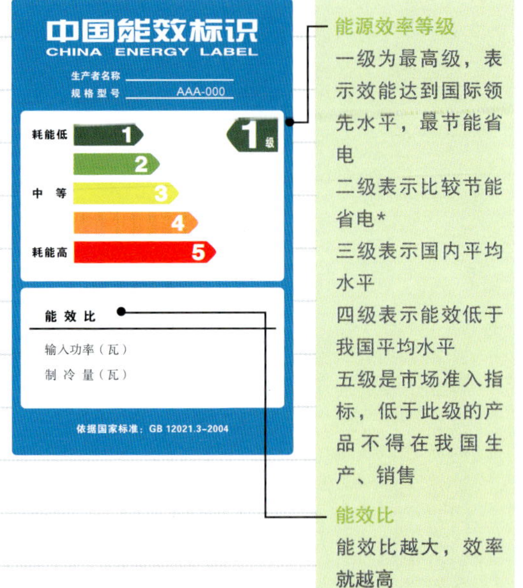

* 应使用能效等级为2级以上的电器。

办公及公共场所节电

- 采用绿色照明技术。绿色照明是指通过科学的照明设计，采用高效、节能、环保、安全和性能稳定的照明产品，改善人居环境，提高生活质量，从而达到保护环境、节约能源、促进健康的目的。
- 采用建筑节电技术。建设节能型建筑，对高耗能建筑进行节能改造。尽管节能型建

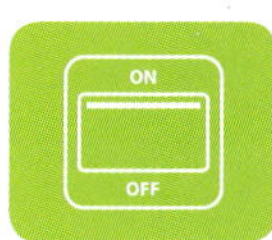

筑造价增加8%~10%，但能耗可以下降50%~65%，受益期长达50年以上，长期节能效果明显。

- 合理使用空调设备。采用自动化智能空调控制系统，夏季制冷时温度控制在26℃以上，无人时应能自动关闭，定期清理散热系统，保持最佳运行工况。
- 推广使用热泵技术。在实行峰谷分时电价地区推广使用蓄冷、蓄热、蓄电技术，节约能源，提高社会整体能源利用效率。

电力需求侧管理

电力需求侧管理（Demand Side Management，简称DSM）是在政府主导下，电网企业作为实施主体开展的用电管理活动。

DSM通过综合采取技术、经济和行政手段，鼓励客户使用高效用电设备，提高用电效率；改变用电方式，降低电力峰荷需求；进行能源回收、能源替代或新能源发电，在实现同样能源服务的同时减少电力需求，并最终实现资源优化配置、社会效益最好、各方受益、改善和保护环境的目的。

电力与环保

绿色电力

绿色电力是指由可再生能源（风能、太阳能、生物质能、地热能、小水电、海洋能等非化石能源）生产的电力。绿色电力在生产过程中不需要消耗煤、石油、天然气等燃料，不排放或很少排放对环境有害的“三废”（废气、废水、废渣），有利于人类可持续利用能源。

特高压输电系统

特高压输电系统可以大幅度提高电网输送能力，延长输电距离，将我国西南水电和西北部煤电等能源基地的电力输送到东部负荷中心，实现更大范围的资源优化配置。

计划至2020年建成坚强的华北—华中—华东特高压交直流混合电网，可减少装机容量2200万千瓦，每年减少发电用煤2000万吨。

特高压交流试验基地效果图▲

电动汽车

发展电动汽车是国家电网公司贯彻国家能源战略的重大举措，是落实节能减排政策的重要行动。国家电网公司正在积极推动电动汽车发展，构建先进的电动汽车能源保障体系，突破制约电动汽车发展的核心技术，形成自主知识产权的标准体系，建设国际一流的研发和检测平台。国家电网公司率先在公司内部开展电动汽车示范运行，积极推动电动汽车社会化应用。

什么是电磁辐射?

电磁辐射是指电磁辐射源以电磁波的形式发射到空间的能力流。电磁辐射源发射的电磁波频率越高，它的波长就越短，电磁辐射就越容易产生。一般而言，只有当辐射体长度大于其工作波长的1/4时，才有可能产生有效的电磁辐射。

为什么说输变电设施对周围环境不会产生有效的电磁辐射?

在国际权威机构的文件中，交流输变电设施产生的电场和磁场被明确地称为工频电场和工频磁场，而不称电磁辐射。工频电场和工频磁场都属于极低频场，是通过电磁感应对周围环境产生影响的。工频电场和工频磁场的频率只有50赫兹，波长却长达6000千米，而输电线路长度一般远小于这个波长，因此不能构成有效的电磁辐射。

国家电网公司
STATE GRID
CORPORATION OF CHINA

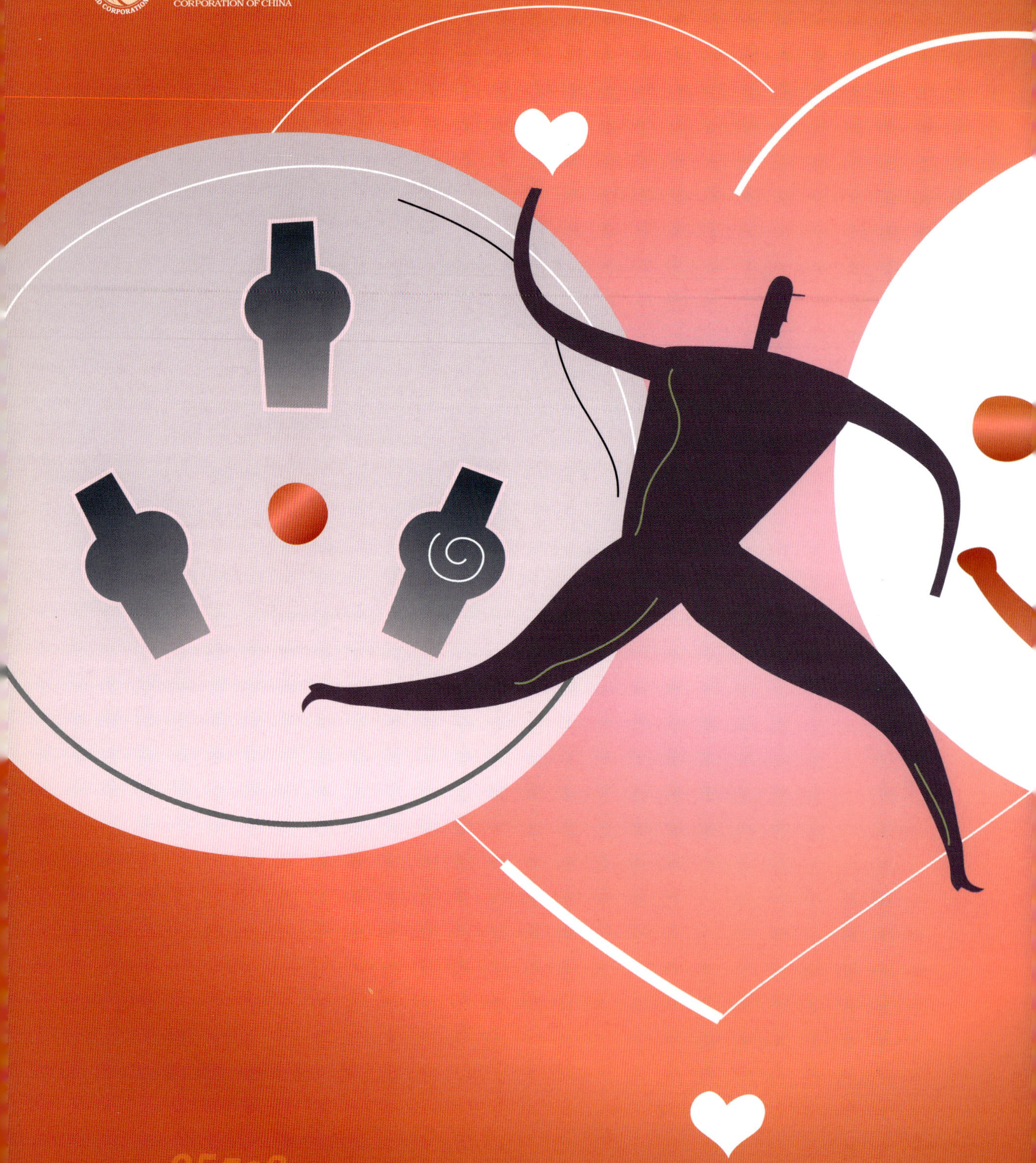

供电服务

第四章

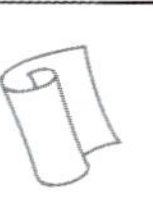

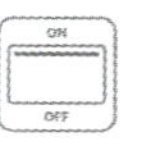

第一节

供电服务承诺

- 城市地区：供电可靠率不低于99.90%，居民客户端电压合格率不低于96%；农村地区：供电可靠率和居民客户端电压合格率，经国家电网公司核定后，由各省（自治区、直辖市）电力公司公布承诺指标。

- 供电营业场所公开电价、收费标准和服务程序。

- 供电方案答复期限：居民客户不超过3个工作日，低压电力客户不超过7个工作日，高压单电源客户不超过15个工作日，高压双电源客户不超过30个工作日。

- 城乡居民客户向供电企业申请用电，受电装置检验合格并办理相关手续后，3个工作日内送电。

- 非居民客户向供电企业申请用电，受电工程验收合格并办理相关手续后，5个工作日内送电。

- 当电力供应不足，不能保证连续供电时，严格执行政府批准的限电序位。

- 供电设施计划检修停电，提前7天向社会公告。

- 提供24小时电力故障报修服务，供电抢修人员到达现场的时间一般不超过：城区范围45分钟；农村地区90分钟；特殊边远地区2小时。

- 客户欠电费需依法采取停电措施的，提前7天送达停电通知书。

- 电力服务热线“95598”24小时受理业务咨询、信息查询、服务投诉和电力故障报修。

第二节

供电服务网络

国家电网公司已建立起完善的城乡供电营业厅、“95598”客户服务热线、“95598”客户服务网站、流动服务设施等多渠道的供电服务网络。

客户可以根据自己的需要选择以上服务渠道，供电企业将会为客户提供**“优质、方便、规范、真诚”**的服务。

城乡供电营业厅

供电营业厅具体工作时间请咨询当地“95598”客户服务热线。

国家电网公司在各地城乡分布了城市供电营业厅、乡镇供电营业站、农村供电营业所等营业窗口，各营业窗口可以为客户办理各项业务，提供包括用电业务受理、交纳电费、业务费用的收取（退费）、业务咨询、信息查询、投诉举报，以及节约用电、安全用电、科学用电宣传等部分或全部服务内容。

“95598”客户服务热线

“95598”是全国统一的电力客户服务热线，为电力客户提供全天24小时服务，客户可以通过“95598”客户服务热线满足以下需求：

用电业务咨询	用电信息查询	用电业务受理
电力故障报修	停电信息公告	投诉举报受理等

“95598”客户服务网站

“95598”客户服务网站具有停电信息公告、用电信息查询、业务办理信息查询、供用电政策法规查询、供电服务质量投诉等功能。客户可通过浏览“95598”客户服务网站，足不出户即可了解供电业务办理的有关流程和政策、了解供电企业的最新动态和服务新举措。

电力报装

第三节

- 客户办理业扩报装、变更用电等业务，可到供电营业厅或通过网络、电话、传真等方式提出申请，并办理相关手续。
- 客户办理业扩报装，包括供电方案制定、设计图纸审查、中间现场检查、工程验收、供用电合同签订、装表接电等环节。

业务受理 → 现场勘查 → 供电方案制定 → 设计图纸审查 → 中间现场检查 → 工程验收 → 供用电合同签订 → 装表接电

可通过供电营业厅、"95598"客户服务热线、"95598"客户服务网站等提前咨询有关业务办理流程，避免浪费时间。

- 为使客户业务办理更快捷，请客户按照供电企业的业务要求，按时提供相关文件和资料。
- 国家电网公司明确规定不准为客户用电工程指定设计、施工、供货单位，客户有权自行选择有资质的设计、施工、供货单位。

第四节

供电抢修

欢迎广大客户为我们提供电力故障信息。

- 供电企业通过“95598”客户服务热线提供24小时电力故障报修服务，对电力报修做到快速反应、有效处理。
- 供电抢修的故障处理范围划分依据：通过供电方（供电企业）和用电方（电力客户）的资产分界点来判断供电抢修故障处理范围的责任人。产权属于供电企业的电气设备发生故障，由供电企业负责无偿处理；属客户资产部分的电气设备发生故障，由客户委托有资质的电气安装公司或电工进行故障处理。
- 客户遇停电时请拨打 “95598”客户服务热线报修，并提供用电户号、用电详细地址、联系电话、故障现象等，以便电力抢修人员快速处理故障，恢复供电。

停送电

客户可以通过“95598”客户服务热线和网站、当地媒体等途径了解到停电信息。

为确保电网安全，供电企业需有计划地对输、变、配电设施进行检修，《供电营业规则》第六十八条规定：因故需要中止供电时，供电企业应按下列要求事先通知用户或进行公告：

- 因供电设施计划检修需要停电时，应提前7天通知用户或进行公告；
- 因供电设施临时检修需要停止供电时，应当提前24小时通知重要用户或进行公告；
- 发供电系统发生故障需要停电、限电或者计划限、停电时，供电企业应按确定的限电序位进行停电或限电。但限电序位应事前公告用户。

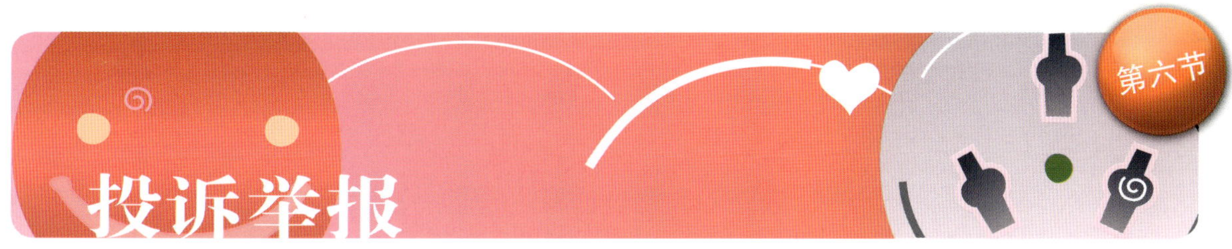

投诉举报

为了加大服务监督力度，供电企业建立了多种渠道受理客户的投诉举报：

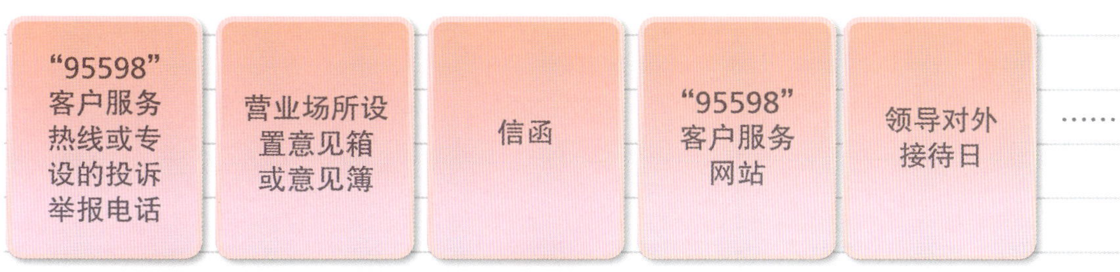

投诉在 5 个工作日内，举报在 10 个工作日内答复客户。

电费缴纳

客户缴纳电费的方式

坐收：供电企业设立的营业厅和收费站(点)固定值班收费。

走收：由供电企业收费员上门收取电费。

储蓄代扣：客户可通过通存通兑储蓄方式，就近储蓄，自动划拨。

委托银行代收：供电企业与银行签订委托代收电费协议，客户到银行交纳电费。

银行划拨：供电企业与客户、银行共同签订电费结算合同，通过银行拨付。

卡表购电：卡表客户持购电卡到供电企业营业厅或银行等售电网点购电。

自助交费：客户可通过电话、银行POS机等网络通信终端设备，用银联卡、电费充值卡自助完成交费。

注：不同地区采取不同的缴纳电费方式。

客户应及时缴纳电费

- 对于逾期未缴纳电费的，供电企业可以从逾期之日起，每日按照电费总额的千分之一至千分之三加收违约金；
- 经催缴仍未缴纳电费的，供电企业可以按照国家规定的程序停止供电。

国家电网公司
STATE GRID
CORPORATION OF CHINA

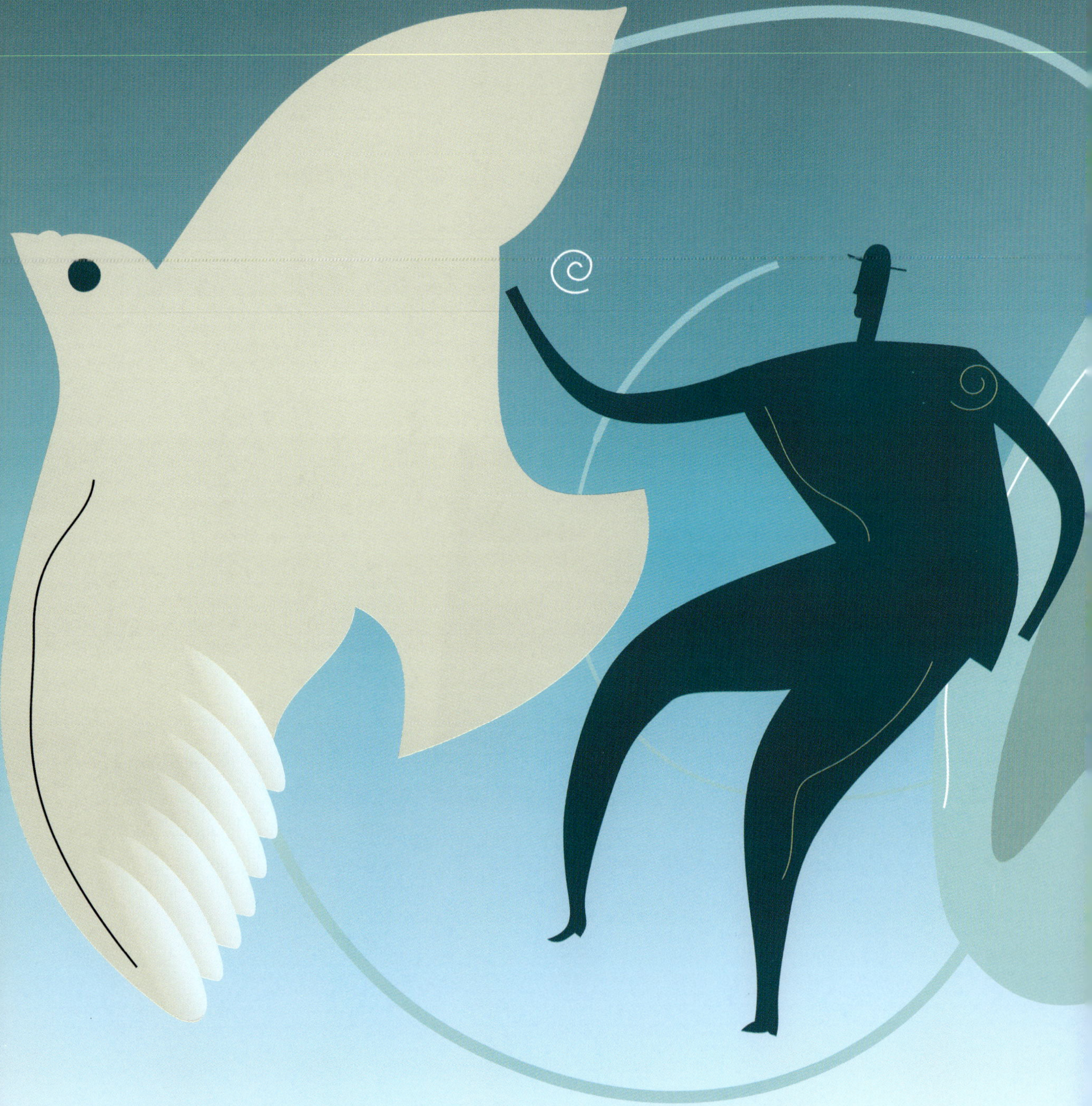

电力监管

第五章

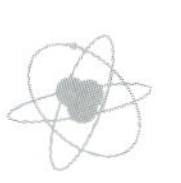

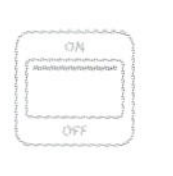

电力监管任务

电力监管的任务是维护电力市场秩序，依法保护电力投资者、经营者、使用者的合法权益和社会公共利益，保障电力系统安全稳定运行，促进电力事业健康发展。

电力监管机构

国家电力监管委员会是国务院批准设立的电力监管机构。国家电力监管委员会在各地设立电力监管派出机构，并对派出机构实行统一领导和管理。

国家电力监管委员会及其派出机构依据国务院颁布的《电力监管条例》，履行电力监管职责。

电力监管投诉举报热线——12398

为了更好地履行电力监管职责，维护电力市场秩序，发挥监管机构的作用，方便电力市场主体和用户投诉举报，畅通群众信访的渠道，架起电力监管机构与被监管对象以及广大电力用户之间的桥梁，国家电力监管委员会开通了电力监管投诉举报热线——12398。

12398热线投诉受理范围

根据《电力监管条例》的规定，投诉人可通过“12398”热线，对违反电力业务许可、发电市场份额、电网运行安全、电力市场公平开放、电网公平无歧视开放、“三公”调度、电能质量和供电服务质量等规定，以及违反电力价格政策的违法违规行为进行投诉举报。

图书在版编目(CIP)数据

电力与您共创和谐：国家电网公司客户手册／国家电网公司编.—北京：中国电力出版社，2008
ISBN 978-7-5083-6497-1

Ⅰ. 电… Ⅱ.国… Ⅲ.电力工业—工业企业—中国—手册 Ⅳ.F426.61-62

中国版本图书馆CIP数据核字（2007）第195996号

中国电力出版社出版、发行
（北京三里河路6号 100044 http://www.cepp.com.cn）
装帧设计：北京大良造艺术设计有限公司
北京盛通印刷股份有限公司印制

2007年12月第一版　2008年3月北京第四次印刷
185毫米×240毫米　16开本
定价 16.00元